48
L b 494.

LETTRE

D'UN MARSEILLAIS

AU

MARÉCHAL MASSÉNA.

LETTRE

D'UN MARSEILLAIS

AU

MARÉCHAL MASSÉNA.

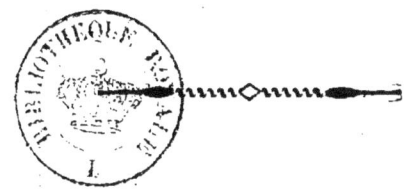

Monsieur le Maréchal,

Dans le *Mémoire* que vous venez de publier, en réponse à l'accusation portée contre vous à la Chambre des Députés par les habitans des Bouches-du-Rhône, vous faites valoir, comme l'un de vos principaux moyens de justification, les témoignages de confiance qui vous furent donnés, avant votre soumission *avouée* au gouvernement de Bonaparte, par S. A. R. Monseigneur le duc d'Angoulême, par M. le Marquis de Rivière,

M. le vicomte de Bruges, et par les principaux fonctionnaires publics de Marseille. Ne vous seriez-vous pas mépris, Monsieur le maréchal, dans ce système de défense ? Et le fait que vous alléguez, en supposant qu'il ne pût être contesté dans quelques-unes de ses parties, ne devrait-il pas produire à votre égard, dans l'opinion du public, une impression tout-à-fait contraire à celle que vous paraissez en attendre ? Mais, avant d'approfondir cette question, examinons la juste valeur de ces marques de confiance auxquelles vous en attachez une si grande et si réelle. Et pour cela, remettons sous nos yeux, dans toute son affreuse vérité, la position où nous nous trouvions à Marseille, au mois de mars 1815.

Le fléau du monde, le tyran de la France, le destructeur de Marseille en particulier, venait de reparaître sur nos rivages où il ramenait avec lui la désolation et la mort. Déjà, marchant vers la Capitale, il avait franchi les passages les plus difficiles de cette route qui, par lui, désormais, aura, dans les annales des calamités humaines, une déplorable célébrité. Vous ne l'en aviez point empêché, et vous venez de nous prouver, la carte à la main, et par un nombre d'étapes comparé sur deux routes différentes, que la chose vous avait été tout-à-fait impossible. Les Marseillais, les Provençaux n'en avaient pas jugé de même; ils étaient persuadés que, dans de telles circonstances, et contre un homme qui de tout tems avait employé, pour réussir, le prestige des moyens moraux, autant au moins que les forces matérielles, il eût fallu employer, sans hésitation et sans délai, des moyens de même nature. Ils pensaient qu'une annonce telle que celle du débarquement de Bonaparte, aurait dû vous paraître assez importante, lorsque cent bouches la répétaient, pour que, sans attendre, comme vous le fîtes patiemment, un rapport officiel plus exact que ceux que vous reçûtes dans la journée du 3 mars, vous prissiez, à tout évènement, les mesures les plus promptes pour arrêter l'incendie dès son principe. Ils ne doutaient pas que la plus efficace de ces mesures n'eût été de courir vous-même au devant du torrent dévastateur qui allait tout entraîner sur son passage, et dont vous diriez vainement qu'il vous eût été difficile de connaître la véritable direction. Oui, Monsieur le maréchal, votre présence au devant de Bonaparte, mais votre présence avec l'intention bien prononcée de le repousser, de l'anéantir, eût été, selon les Marseillais, un moyen infaillible d'atteindre ce but. Les premières troupes que le fugitif de l'île d'Elbe allait rencontrer sur ses pas, et auxquelles nul exemple de défection n'avait encore été donné, eussent certainement écouté la voix d'un maréchal de France, couvert de la gloire de ses exploits guerriers, lorsqu'il aurait usé de tout son ascendant sur l'esprit du soldat, pour lui parler le langage de l'honneur et du devoir. Eclairés par vos paroles et votre exemple, soutenus par le peuple qui se fût rallié en foule autour de votre personne et sous vos drapeaux, ces militaires eussent été inaccessibles aux perfides suggestions de l'usurpateur, dans lequel ils n'auraient vu qu'un aventurier sans moyens et sans appuis. Ce premier exemple de fidélité eût été imité par les autres troupes qui se trouvaient placées derrière les premières : Bonaparte était abandonné, détruit ; l'honneur de l'armée française n'était point souillé ; notre patrie évitait les plus cruels déchiremens. Voilà, Monsieur le maréchal, ce que se disaient les Marseillais dans leur douloureux pressentiment des évènemens les plus sinistres ; voilà ce qui leur eût fait voir, avec tant de joie, qu'à la première nouvelle de l'invasion de Bonaparte, vous fussiez parti en toute hâte pour lui barrer le chemin, en quelque endroit que vous l'eussiez rencontré, et quand vous auriez dû, pour cela, sortir de la division dont vous aviez le commandement. Mais votre santé ne vous le permettait pas. Nous ne pûmes qu'en gémir, et déplorer cette fatalité qui faisait qu'un rhume vous empêchait de sauver la France. Nous devons vous avouer, cependant, que ce sentiment d'affliction ne fut pas le seul qui affecta nos âmes ; nous n'avions pas oublié que vous aviez été, comme vous le dites vous-même dans votre *Mémoire*, le dernier à amener le pavillon tricolore, à l'époque de la restauration du trône légitime. Nous ne pouvions nous empêcher de faire un rapprochement entre votre conduite en 1814 et votre conduite en 1815; et de ce rapprochement, naissait malgré nous dans notre esprit une pensée tout opposée à ce sentiment de confiance dont vous avez cru que vous pouviez être l'objet. Comment, en effet, nous serions-nous défendus de quelques inquiétudes, si ce n'est sur votre bonne foi, du moins sur votre empressement et votre zèle, lorsque, gardant d'une manière imperturbable le coin de votre feu dans un moment aussi critique, vous refusâtes, avec une égale constance, de seconder l'ardeur des Marseillais, en les laissant partir aussi promptement et en aussi grand nombre qu'ils l'eussent voulu, et qu'ils le demandaient à grand cris, pour aller s'opposer à la marche de Bonaparte? Nous n'avons jamais pu nous expliquer à cet égard, d'une manière qui vous fût entièrement favorable, le motif de votre résistance, de ces détours adroits par lesquels vous éludiez toujours les pressantes sollicitations qui vous étaient adressées par tous les habitans de *la ville excellente.* En effet, pourquoi retenir tant de braves gens qui brûlaient du désir de *courir sus* à la bête féroce, et de l'écraser par leur masse, lorsque ce genre de guerre était encore praticable contr'elle, et pouvait amener sa destruction ? Qu'aviez-vous à craindre de cette levée spontanée d'une province entière animée du plus noble sentiment? Est-ce l'irrégularité d'une telle mesure qui vous faisait ombrage? Mais dans un tel moment, doit-on examiner ce qui est régulier ou ce qui ne l'est pas ? Toute action n'est-elle pas régulière, lorsqu'elle a pour but de sauver le Roi et la Patrie ? A la vérité, ce n'était pas là votre manière de voir. Toujours attaché aux règles, vous vouliez faire la guerre à Bonaparte comme à un ennemi ordinaire. Vous ne parliez que de marches et de contremarches, de positions et de lignes de défense ; et en attendant, Bonaparte avançait. Ah ! que ne laissiez-vous faire les Marseillais, les Provençaux ! ils auraient su, sans mettre en œuvre toute cette tactique militaire, vous rapporter la tête du tyran. Ils le sentaient, et lorsque vous les priviez de ce bonheur, de cette gloire, ils étaient loin de voir avec sécurité leur sort entre vos mains. Malheureusement notre destinée dépendait en effet de vous, de la manière la plus absolue. Maître des troupes et par votre rang et par l'influence que vous exerciez sur elles, vous eussiez pu, nous l'avons déjà dit, les diriger, dès le principe, dans le sentier du devoir. Vous pouviez encore, quoiqu'avec moins de chances de succès après les premières défections, empêcher des défections ultérieures ; vous pouviez paralyser, ou du moins modifier l'effet de ces trahisons. Tous les grands moyens étaient à votre disposition, et vous seul pouviez les mettre en œuvre avec un plein avantage. Encore une fois, nous le sentions, et néanmoins, n'attendant que de vous notre salut, nous nous efforcions d'écarter de notre esprit, sur vos desseins ultérieurs, les craintes que divers actes de votre part n'y avaient que trop fait naître. Population et magistrats, tous étaient à votre égard dans ces dispositions équivoques et ambiguës, lorsque S. A. R. Mgr le duc d'Angoulême arriva à Marseille. Cet auguste Prince, dans la loyauté de son caractère, ne sait point supposer, chez ceux qui lui jurent fidélité, l'intention de ne pas tenir ce serment dans toute son étendue; il agréa le vôtre, et vous montra qu'il y comptait. Sa prudence d'ailleurs, vous présentant à ses yeux, ainsi qu'aux nôtres, comme le seul appui qui restât à la cause des Bourbons dans le midi de la France, si vous demeuriez fidèle à cette cause, S. A. R. exigea de nous, comme la plus grande marque de notre obéissance et de notre amour, que nous vous témoignassions une confiance absolue, par laquelle nous vous lierions encore plus, si c'était nécessaire, à cette cause sacrée que nous défendions. Nous suivîmes sa volonté, bien plus, nous devons l'avouer, par déférence pour ce grand Prince, que par une entière conviction de votre constance à le servir. Ce fut alors que l'un des principaux fonctionnaires publics de Marseille prononça devant la garde nationale assemblée, et publia cette proclamation dont vous n'avez cité un passage dans votre *Mémoire*, qu'en supprimant des mots qui eussent pu faire remarquer, d'une manière plus frappante, votre prochain changement. (*) Ce fut alors que le Conseil-général du département, et un autre fonctionnaire d'un rang plus élevé que le premier, vous adressèrent une proclamation et une lettre dont maintenant vous vous faites des titres. Ce fut depuis ce moment encore, que M. le

---

(*) On croit devoir rapporter ci-après cette proclamation tout entière, dont la nouvelle de la prise de Paris par Bonaparte fut le motif. Les mots soulignés sont ceux que le maréchal Masséna a supprimés du passage de cette proclamation qu'il a rappelé dans son *Mémoire*. (Voyez ci-après pièce n.° 1.)

C'est évidemment dans la même intention, que M. le maréchal a retranché d'un passage qu'il cite de l'une de ses propres proclamations, deux phrases que nous rétablissons également ci-après dans ce passage, en les soulignant. (pièce n.° 2.)

Marquis de Rivière, M. le vicomte de Bruges et Monseigneur lui-même, vous écrivirent plusieurs autres lettres, dans lesquelles se répétaient les mêmes témoignages d'une confiance dont on vous prodiguait les marques, pour vous forcer en quelque sorte à la justifier. Mais ne vous y trompez pas, Monsieur le maréchal, cette confiance n'a jamais été réelle de la part des Marseillais et de leurs administrateurs. Le respect pour la volonté d'un Prince chéri, et l'intérêt de la sainte cause à laquelle nous étions, *nous*, invariablement attachés, ont pu seuls nous engager à vous donner des démonstrations d'un sentiment que nous eussions voulu pouvoir nous inspirer à nous-mêmes, sans qu'une voix secrète nous reprochât notre crédulité. Non, Monsieur le maréchal, depuis le 13 mars jusqu'au 10 avril, il n'est aucun des Marseillais qui ait mis en vous franchement sa confiance; ils vous parlent tous ici par ma bouche. Cessez donc de produire, comme une preuve véritable de nos sentimens pour vous à cette époque, ces démonstrations obligées que vous avez pu en recevoir.

Mais supposons maintenant, que cette confiance des Marseillais envers vous eût été aussi étendue qu'elle était bornée, aussi naturelle dans leurs cœurs qu'elle y était forcée par les circonstances: ce qu'il peut y avoir de pénible à expliquer dans votre conduite, ne devient-il pas plus fâcheux encore dans cette supposition? Quoi! vous auriez vu tout un peuple se reposer pleinement sur vous du soin de le garantir des plus grands maux, et vous ne regretteriez pas d'avoir, sur tant de points, donné lieu à ce qu'il vous reproche de n'avoir pas rempli son attente! Je vous ai, dites-vous, évité, pendant le peu de jours que je vous ai gouvernés au nom de Bonaparte, les actes d'oppression et de tyrannie. Cela est vrai ; et nous vous ferons à ce sujet, si vous y tenez beaucoup, des remercîmens plus fondés que ceux qui vous flattèrent dans cette adresse du conseil municipal dont toutes les expressions étaient dictées par la crainte que vous inspiriez. Mais, est-ce là le seul bien, le bien véritable que nous avions réclamé de vous ? Était-ce de nos personnes, de nos intérêts particuliers que nous nous étions occupés dans ces momens d'alarmes ? Notre Roi, notre Roi, voilà le bien que nous vous avions demandé uniquement et par-dessus tout ; parce que ce bien comprenait tous les biens ; parce qu'avec notre Roi, nous n'avions aucun mal à craindre : et nous ne sommes que trop fondés à douter que vous ayez fait tout ce qui dépendait de vous, pour nous conserver ce bien si précieux. Mais comment cela nous surprendrait-il, lorsqu'après avoir été honoré de la confiance véritable du Prince le plus magnanime, vous regardez comme une action toute simple de n'y avoir pas répondu par une inaltérable fidélité ! On lit dans votre Mémoire, ou du moins on peut en inférer, comme une conséquence toute naturelle et la moins désavantageuse encore pour vous, que lorsque les gouvernemens viennent à changer, il entre dans vos principes de vous prêter à ces changemens le plus tard possible, mais de vous y prêter toujours, quelle que puisse être la nature du gouvernement qui survient en remplacement de celui qui expire; et le sentiment, lorsque ce cas se présente, ne paraît pas être le mobile de vos déterminations. Ainsi, que le fils de nos Rois, l'héritier de leur trône, le héros en qui nous voyons revivre les vertus réunies de St Louis, de Louis XIV et de Henri IV, que ce Prince auguste vous ait comblé des marques, peut-être inattendues, de sa bienveillance; qu'il vous ait ouvert son âme; qu'il vous ait appelé avec instances auprès de sa personne, dans un moment où il ne dédaignait pas de vous dire qu'il avait besoin de vos conseils : vous n'en prenez pas moins une route tout opposée à celle que S. A. R. vous indique, n'attendant que le moment où ce Prince adorable aura succombé, pour reconnaître et proclamer le tyran qui triomphe.

Que parlez-vous, au reste, de la nécessité où vous vous trouviez d'ordonner la soumission du département des Bouches-du-Rhône,

(17)

pour lui éviter les malheurs qui eussent été le résultat d'une lutte plus long-tems prolongée, après que S. A. R. avait été obligée de céder ? Non certes, il n'était plus possible de lutter alors, et le premier devoir des fonctionnaires publics est, en pareil cas, d'épargner à la population qui leur est confiée, des désastres sans avantage et sans but. Nous ne l'avons que trop éprouvé à Marseille, lorsque, pressés entre les troupes du général Grouchy, et les vôtres, et entourés de villes où quelques séditieux, dont les nouvelles de la Capitale faisaient toute la force, avaient comprimé la masse de la population toujours fidèle au Roi, nous fûmes contraints nous-mêmes de fléchir sous le joug de l'usurpateur. Il ne l'a que trop éprouvé, celui des magistrats de cette ville, qui n'envisageant plus qu'avec horreur une place où l'exécution des lois du tyran eût été son partage, voulut pourtant s'acquitter de ce qu'il devait à ses concitoyens, avant de remplir ses obligations envers lui-même, et ne se démit de son poste, (*)

___
(*) M. le maréchal a dit peu exactement, dans son

2

qu'après avoir vu le conseil municipal éloigner les maux qui menaçaient la Cité, en faisant un acte douloureux de soumission, au moment où toute résistance était devenue impossible. Mais qui nous avait réduits, qui du moins avait contribué à nous réduire à cette fatale impuissance de nous défendre d'un pouvoir abhorré ?. . . . . . .

M. le maréchal, vous vous plaignez de notre injustice dans les reproches que nous vous faisons, et que vous n'attribuez qu'à un petit nombre d'entre nous, lorsque c'est l'universalité des habitans de Marseille qui vous les adresse : mais qu'avez-vous fait pour les éviter, ces reproches qui vous offensent ? Avez-vous couru à l'encontre de Bonaparte à son débarquement ? Nous y avez-vous laissé courir nous-mêmes, lorsque nous vous en conjurions ? Avez-vous été combattre et mourir, s'il le fallait, aux côtés d'un Prince

---

rapport du 14 avril, qu'il avait fait cesser les fonctions du maire de Marseille. Ce magistrat donna sa démission à M. le Préfet, immédiatement après la soumission de la ville, et deux jours avant que sa destitution et son remplacement eussent pu lui être notifiés.

malheureux qui réclamait votre assistance ? Avez-vous uni votre fortune à la sienne ? L'avez-vous suivi dans l'étranger, comme les Victor, les Marmont, les Clarke et tant d'autres officiers de tout grade qui ne connaissaient pas l'art d'allier l'honneur avec la violation de leurs sermens ? Si vous aviez fait tout cela, croyez que nous saurions apprécier votre dévouement, et que nous vous en payerions par notre admiration et notre reconnaissance. Mais quels sont, au contraire, les actes les plus prononcés que nous vous ayons vu faire dans cette déplorable conjoncture ? C'est votre proclamation du 10 avril, (pièce n.° 3) dont nous remarquerions que chaque mot paraît dicté par un sentiment de jubilation, si vous ne nous appreniez dans votre *Mémoire*, qu'en semblable occurrence, on ne doit pas disputer sur les termes. C'est votre lettre du 11, au préfet des Bouches-du-Rhône, (pièce n.°. 4) par laquelle vous menacez de marcher (*)

―――――――――――――――――――――――

(*) Monsieur le maréchal pouvait marcher alors.

(20)

sur Marseille, avec des troupes et de l'artillerie, et de livrer cette ville à la fureur du soldat irrité, si elle ne s'empresse de reconnaître Napoléon. C'est votre rapport du 14, (pièce n.° 5) dans lequel, après avoir imputé à Mgr le duc d'Angoulême l'intention de livrer Toulon aux Anglais, vous dites formellement que *vous aviez mis Antibes en état de siège, pour le soustraire à l'autorité du préfet du Var, et que vous vous étiez rendu vous-même à Toulon pour conserver à Napoléon cette place et sa marine*; déclaration importante qui nous montre pourquoi vous aviez pris, en quittant Marseille, le 25 mars, la route de Toulon, au lieu de prendre celle du pont St. Esprit, où Mgr le duc d'Angoulême vous avait appelé précisément à cette époque. Voilà, Monsieur le maréchal, ce que nous voyons de plus clair dans votre conduite, et tout cela s'accorde merveilleusement avec ce dicton provençal que l'on vous a entendu répéter si souvent dans ces momens de crise : FAOURA QUÉ L'AGUÉ BEN PAOU

D'AIGUO, PERQUÉ LEIS CANARS SI SAOUVOUN PAS ; *il faudra qu'il y ait bien peu d'eau, pour que les canards ne parviennent à se sauver.* Figure ingénieuse dont vous savez, à toutes les époques, mettre l'esprit en pratique, avec une admirable habileté et un succès plus surprenant encore.

(N° I.)

MAIRIE DE MARSEILLE.

Marseillais,

Des bruits circulent parmi nous, et annoncent un événement qui, loin d'abattre votre dévouement au Roi et votre courage, donnera, s'il se vérifie, une nouvelle ardeur à ces sentimens. Des actes dignes de tout notre respect, (*) s'ils sont véritables, sont répandus. Vos magistrats n'en ont reçu encore aucun avis officiel ; aucune pièce authentique ne leur a été transmise. Ils ne peuvent donc rien publier sur cet objet éminemment intéressant ; mais quel qu'ait pu être le résultat de la marche du tyran contre la Capitale de notre Roi, la cause de ce Roi chéri est plus forte que jamais. Si Sa Majesté a quitté Paris, ce n'aura pu être que pour ne pas exposer cette ville fidèle aux horreurs d'un combat livré dans ses murs, contre des

---

(*) Proclamations du Roi et de Mgr. le duc d'Angoulême après la prise de Paris.

troupes égarées. Mais les mêmes actes dont nous venons de parler, assurent aussi que les maréchaux, l'élite des généraux de l'armée, les ministres, les membres des deux chambres, une foule de défenseurs braves et dévoués, ont suivi le Roi dans le siège provisoire de son gouvernement. Fort de l'amour de son peuple, de la fidélité des premiers corps de l'état, le Monarque dont la grandeur d'âme égale la sagesse, va bientôt faire rentrer dans le néant l'homme que l'enfer a vomi sur la terre pour y verser un déluge de maux. S. A. R. Mgr. le duc d'Angoulême dirigera les mouvemens des fidèles peuples du midi. Le maréchal prince d'Essling, sous ses ordres, *cet illustre guerrier qui vient de renouveler, d'une manière si formelle, le serment de son attachement inébranlable au trône des Bourbons*, acquerra la plus grande part dans la gloire d'avoir sauvé la France ; sous les drapeaux du fils chéri de la Victoire, et avec nos cœurs, nous serons, comme lui, invincibles.

Marseillais, il s'agit, dans cette grande

circonstance, de tous les intérêts qui peuvent le plus stimuler nos âmes. Le tyran qui voudrait nous asservir à son joug de fer, déclare la guerre à notre honneur, à notre fortune, à notre existence : c'est ici la lutte de la vertu contre le crime, du devoir contre l'infidélité, de la gloire contre l'ignominie. Que le tyran triomphe, et vous êtes perdus dans tout ce qui vous est cher. Le *Robespierre à cheval* fera planer sur vos têtes le glaive de sa fureur, de sa rapacité, de sa vengeance. Levez-vous donc tous pour lui résister : vous trouverez vos magistrats à votre tête. Je jure devant vous de servir le Roi ou de mourir pour lui. Prêtez tous ce noble serment, et que l'on dise : Marseille, par son attachement au Roi et par son influence sur les contrées qui l'environnent, a soutenu le trône ébranlé et contribué à rendre la paix au monde.

VIVE LE ROI, VIVE LE ROI !

Fait à Marseille, en l'Hôtel-de-ville, le 30 *mars* 1815.

Le Maire de Marseille,
Signé, LE MARQUIS DE MONTGRAND.

(N° II.)

EXTRAIT

De la Proclamation de M. le maréchal Masséna aux habitans de la ville de Marseille, du 9 mars 1815.

Habitans de Marseille, vous pouvez compter sur mon zèle et sur mon dévouement. *J'ai juré fidélité à notre Roi légitime.* Je ne dévierai jamais du chemin de l'honneur ; *je suis prêt à verser tout mon sang pour le soutien de son trône.*

(N° III.)

PROCLAMATION.

Habitans de la huitième Division militaire,

Un évènement aussi heureux qu'extraordinaire nous a rendu le Souverain que nous avions choisi, Le Grand Napoléon.

Ce doit être un jour de fête pour tous les Français.

Il est remonté sur son trône sans qu'il y ait une goutte de sang répandue.

Il est revenu au sein d'une famille qui le chérit.

Français ! il n'y a pas une ville dans l'Empire où il n'y ait un monument qui atteste ses bienfaits.

Bénissons le ciel qui nous l'a redonné.

Le Militaire revoit en lui le Héros qui l'a constamment conduit à la victoire.

Les Sciences et les Arts retrouvent leur Protecteur.

Faisons des vœux pour la conservation de ses jours et de sa dynastie.

VIVE L'EMPEREUR !!!

Toulon, le 10 avril 1815.

Le Maréchal d'Empire, duc de Rivoli, Gouverneur de la 8e. Division militaire,

PRINCE D'ESSLING.

(N°· IV.)

Toulon, le 11 avril 1815.

Monsieur le Préfet, j'ordonne à M. le général comte Miollis de vous réunir chez lui, avec M. le Maire et quelques notables de la ville. Il est chargé de vous signifier que, si demain au soir, la cocarde, le pavillon aux trois couleurs, ne flottent sur les vaisseaux et à la municipalité, je marcherai sur Marseille, avec de l'artillerie, et suffisamment de troupes pour soumettre la seule ville de l'empire qui se refuse au vœu de la nation, et à reconnaître le souverain qu'elle a choisi, le Grand Napoléon.

Monsieur le Préfet, vous devenez responsable du mal qui retomberait sur Marseille ; vous seul seriez la cause des malheurs inséparables d'une ville forcée par des soldats justement indignés.

Plus de délai ; Marseille se soumettra, ou je marcherai sur elle.

Recevez, Monsieur le Préfet, l'assurance de ma considération.

Le Maréchal duc de Rivoli, Lieutenant de l'Empereur dans les 8e. et 23e. divisions militaires.

Signé, le PRINCE D'ESSLING.

A M. le Préfet des Bouches-du-Rhône.

(N° V.)

RAPPORT

A Sa Majesté, par M. le maréchal prince d'Essling.

Sire,

Les ordres de Votre Majesté ont éprouvé des retards insurmontables dans ma position.

Les mouvemens excités dans la 8.e division, et particulièrement à Marseille, s'y maintenaient par la présence du duc d'Angoulême, par la mauvaise composition des premières autorités civiles, par les rapports constans qu'entretenaient les agens des princes avec des ministres étrangers, et par des nouvelles controuvées, toutes plus alarmantes les unes que les autres pour les paisibles citoyens.

D'un autre côté, le duc d'Angoulême, qui déjà m'avait enlevé trois régimens, voulait encore prendre ceux qui étaient à Toulon, et il m'a fait dire par M. de Rivière que son intention était de donner ce port en dépôt aux Anglais qui fourniraient en retour de l'argent au roi de France.

Dans une situation aussi difficile, je me déterminai, après avoir mis Antibes en état de siège, pour le soustraire à l'autorité du préfet du Var, à me rendre à Toulon, afin de conserver à V. M. cette place et sa marine.

Enfin, le 10 avril, j'avais eu connaissance que le 6.e régiment, à Avignon, avait repris les couleurs nationales; j'ordonnai au général Leclerc de le maintenir dans la discipline et de lui ordonner de se tenir prêt à faire un mouvement.

Le 10, j'ai fait la proclamation dont copie est ci-annexée, (*) Une estafette l'a portée

---

(*) C'est la proclamation qui précède, sous le n° III.

dans les quatre départemens de la division, avec ordre de la faire publier et afficher à son de trompe et au bruit de 21 coups de canon, de faire flotter le pavillon national sur les forts, les municipalités, les bâtimens de l'État, et de faire reprendre la cocarde tricolore aux troupes de terre et de mer.

J'ai donné ordre aux préfets, dans toute la division, de dissoudre les gardes nationales levées par le duc d'Angoulême, de réintégrer leurs armes dans les arsenaux de l'empire, et les objets d'habillement et d'équipement qu'ils avaient reçus, dans les magasins militaires.

J'ai fait défense aux préfets et aux receveurs-généraux de faire aucune solde aux gardes nationales, aucun payement qui ne serait pas dans l'intérêt de votre service, et d'obtempérer à aucun ordre des commandans du Roi.

J'ai envoyé à Draguignan le baron de Sivray, mon chef d'état-major, pour y faire arrêter et transférer au fort Lamalgue M. de Bouthillier, préfet du Var, qui s'est montré ardent dans ce parti, et qui avait pris des mesures violentes, auxquelles j'ai été obligé de résister. (*)

J'ai fait provisoirement remplacer ce préfet par le sous-préfet Ricard. J'ai ordonné que tous les actes judiciaires, administratifs, contrats notariés, publications, etc., eussent lieu au nom de l'Empereur, ainsi que les prières que l'église doit faire pour le Souverain.

Le 11, les couleurs nationales ont été arborées dans Toulon et dans tout le département du Var, aux acclamations mille fois répétées de *vive l'Empereur!*

Rien ne pourrait peindre la joie franche qu'ont manifestée les troupes de terre et de mer; la fête s'est prolongée pendant deux jours.

J'ai fait mettre en liberté à Toulon les grenadiers de la garde impériale, qui avaient été arrêtés à Antibes.

Je les ferai diriger sur Lyon.

(*) Il n'est point ici question, comme dans le *Mémoire* de M. le Maréchal, d'un ordre qui l'aurait obligé à faire arrêter M. de Bouthillier.

J'ai également fait élargir tous les détenus par des motifs d'opinions.

J'ai envoyé de Toulon au château-d'If une goëlette, avec l'ordre au commandant du château de remettre à celui de la goëlette tous les détenus par les mêmes motifs.

M. le contre-amiral de Gourdon, chargé du commandement de la division des frégates, m'ayant paru suspect, en ma qualité de lieutenant-général de Votre Majesté, j'ai chargé le préfet maritime de le faire débarquer, et de confier le commandement des trois frégates et corvettes au plus ancien capitaine de vaisseau, M. Senès.

J'ai aussi confié à ce même capitaine le commandement de *la Dryade*, en remplacement du sieur Garat.

M. le commandant de Toulon, le comte Lardenoy, étant du nombre des émigrés compris dans le décret de V. M. du 13 mars dernier, je lui ai fait délivrer un passeport pour se rendre à Nice.

J'ai donné, par estafette, à tous les commandans de ce département, l'ordre de se conformer aux dispositions des dépêches du ministre de la guerre, sous les dates des 25 mars et 8 avril.

J'ai prévenu M. l'amiral Gantheaume de venir à Toulon prendre le commandement de la marine comme commissaire extraordinaire. A son arrivée, je lui ai donné connaissance des instructions de V. M.

Le 11 au soir, la ville de Marseille ne s'était point encore soumise. Je lui fixai la journée du 12; j'annonçai que je m'y rendrais le 13; en effet, mes dispositions étaient faites à Toulon et à Avignon, mais je n'ai pas eu besoin d'agir.

Le 12, le conseil municipal de Marseille a député trois de ses membres auprès de moi, pour me porter la soumission de cette ville.

J'ai accueilli cette députation, et dans la nuit du 12, le préfet des Bouches-du-Rhône m'a annoncé par estafette que le drapeau tricolore flottait à l'Hôtel-de-ville, à la préfecture, sur les Forts et sur tous les bâtimens de l'État; que le plus grand calme régnait dans cette place; qu'il avait fait passer mes ordres et mes proclamations aux sous-préfets, afin de faire suivre, par toutes les communes du département, l'exemple du chef-lieu.

J'ai ordonné qu'on tâchât de se saisir de la personne de MM. de Brulard et de Rivière.

J'ai fait cesser les fonctions au préfet des Bouches-du-Rhône, à son secrétaire-général et au maire de Marseille, et je les ai remplacés provisoirement.

J'ai ordonné que l'imposition extraordinaire de 25 centimes, réglée par le conseil général du département, pour le service du duc d'Angoulême, continuât d'être perçue au profit du trésor impérial.

J'ai appelé à Toulon le maréchal-de-camp Eberlé pour prendre le commandement de cette place en remplacement de M. Lardenoy.

J'aurai l'honneur d'adresser à V. M. le tableau présentant les changemens qui auront eu lieu dans l'administration.

L'habitude que j'ai du pays me met à

même de ne faire qu'un choix d'hommes bien famés et dévoués à V. M.; je la supplierai d'y donner son approbation.

J'ai cru, SIRE, ne pas devoir me rendre de suite à Paris, comme m'y autorise Son Exc. le ministre de la guerre, ma présence étant encore nécessaire dans la 8.e division, pour consolider l'heureux changement qui vient d'arriver.

Le ministre me laissait l'initiative d'y aller moi-même ou d'y envoyer le comte Miollis; je ne peux pas dissimuler à V. M. combien j'ambitionne l'honneur de la revoir, pour l'assurer de mon dévouement sans bornes.

Je suis avec un profond respect,

SIRE,

De votre Majesté,

Le très-fidèle et très-dévoué serviteur,
Le maréchal d'empire, duc de Rivoli,
lieutenant-général de l'Empereur,
dans les 8e. et 23e. divisions militaires.

Signé, le Prince d'ESSLING.

Toulon, le 14 avril 1815.

MARSEILLE, chez Antoine RICARD, Imprimeur du Roi et de la Ville, rue Paradis, n.º 31.

www.ingramcontent.com/pod-product-compliance
Lightning Source LLC
Chambersburg PA
CBHW060956050426
42453CB00009B/1204